Inhalt

Ein brandgefährliches Video

Norman, Mandy und Sarah hatten sich vor dem Supermarkt von Dilys Price verabredet. Mit ihren Handys wollten sie neue Videos für die Website von *Pontypandy Planet* aufnehmen.

„Wir brauchen ein paar richtig aufregende Geschichten“, sagte Sarah.

„Kein Problem! Ich mache es einfach wie Scoop Dooley, die Starreporterin. Ihre Filme sind die besten“, erwiderte Norman und zeigte den zwei Mädchen ein Video der Reporterin.

„Na dann, viel Glück, Norman! Sarah und ich gehen jetzt zur Feuerwache und filmen dort“, verabschiedete sich Mandy.

Zerknirscht schaute Norman den beiden hinterher. „Hm, und wo bekomme ich nun den Super-Mega-Knüller her?“, überlegte er.

Auf dem Hof der Feuerwache wurden Mandy und Sarah schon von Feuerwehrmann Sam und seinem Kollegen Arnold erwartet.

„Hallo, Onkel Sam! Hallo, Arnold!“, begrüßte Sarah die beiden Feuerwehrleute. „Vielen Dank, dass wir eure Übung am Trainingsturm heute filmen dürfen.“

„Guten Morgen, ihr zwei!“, erwiderte Sam. „Wir sind gleich startklar. Bitte denkt daran, während der Rettungsübung hinter der Absperrung zu bleiben.“

„Aber dafür könnt ihr über unsere Helmkameras sogar Livebilder streamen“, erklärte Arnold.

„Das wird cool“, freute sich Mandy.

Unterdessen zerbrach sich Norman weiter den Kopf, was noch spannender als ein Besuch bei der Feuerwehr sein könnte. Was würde Scoop Dooley wohl filmen? ... Vielleicht die allerneueste Erfindung von Joe Sparkes? Natürlich, das war's!

Sofort machte sich Norman auf den Weg zu Joes Werkstatt.

„Hey, Joe! Ich bin auf der Suche nach einer echten Sensation für die *Pontypandy Planet*-Website. Hast du da was für mich?“, erkundigte sich Norman.

„Na klar! Meinen raketengetriebenen Pogo-Stick. Warte, ich hole ihn dir aus der Werkstatt!“, antwortete Joe.

Wenig später kehrte er stolz mit dem Pogomaster 2000 zurück und hielt ihn Norman hin.

Schnell zückte Norman sein Handy, um Joe und dessen Erklärungen zu dem Gerät zu filmen.

„... Der Pogo-Stick ist allerdings noch nicht getestet. Ich arbeite gerade an den Treibstoffberechnungen“, erläuterte Joe ausschweifend. „Warte, ich hole dazu eine Schautafel!“ Er unterbrach seinen Vortrag, legte den Pogo-Stick ab und verschwand in der Garage.

Norman verdrehte die Augen. Das war alles nicht aufregend genug. Aber hatte Scoop Dooley nicht gesagt, dass ein wahrer Starreporter zur Not auch mal selbst für eine Sensation sorgen durfte, wenn er keine andere fand?

Kurz entschlossen schnappte sich Norman den Helm von Joes Werkbank, nahm den Pogo-Stick und betrachtete ihn genauer. „Ob das hier der Startknopf ist?“, überlegte er und drückte auf den roten Knopf.

Huiii! Im nächsten Moment schoss der Pogomaster 2000 mit Norman hoch hinauf in die Luft.

Verzweifelt klammerte sich Norman an den Lenker, während der Pogo-Stick nun völlig unkontrolliert durch die Straßen von Pontypandy sprang. Hoch und runter – hoch und runter ...

„Hilfe!", schrie Norman entsetzt. „Ich kann das Ding nicht stoppen."

Hannah Sparkes, die zufällig in der Stadt unterwegs war, traute ihren Augen kaum. „Ist das nicht Norman mit Dads Pogomaster 2000?", murmelte sie verwundert. Ohne zu zögern, griff sie nach ihrem Handy und filmte, wie Norman panisch kreischend mit dem Pogo-Stick auf und ab hüpfte.

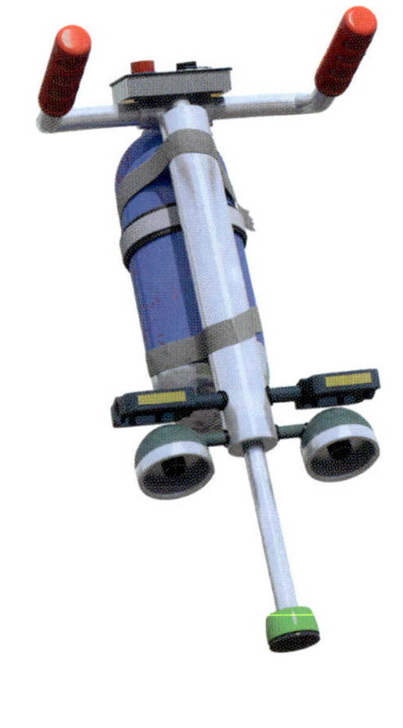

Da kam auch schon Joe angerannt. „Halt dich gut fest, Norman!", rief er außer Atem.

Doch Norman hatte keine Chance. Der Pogo-Stick machte Riesensprünge, und die Wucht des Aufpralles wurde immer heftiger: Als sie die Treppe gegenüber des Supermarkts erreichten, verlor Norman endgültig die Kontrolle über das Gerät. Er konnte den Lenker nicht mehr festhalten und stürzte kopfüber die Stufen hinunter. Wie gut, dass er einen Helm trug!

So schnell er konnte, eilte Joe zu dem Jungen. „Hast du dir wehgetan?“, erkundigte er sich besorgt.

Norman schüttelte den Kopf. „Nein, aber mit meinem Sensationsvideo ist einfach alles schiefgegangen. Und ich befürchte, es kommt noch schlimmer“, meinte er geknickt und zeigte hinüber zum Supermarkt seiner Mutter.

Der Pogo-Stick war allein weitergehüpft und hielt nun direkten Kurs auf die Eingangstür von Dilys' Supermarkt. Joe rannte los und wollte sein Gerät stoppen. Doch es war schon im Laden und sprang dort wie wild zwischen den Regalen umher. *Auweia!* Im nächsten Moment stürzte schon Dilys' perfekt arrangierte Gurkenglas-Pyramide krachend in sich zusammen. Aber das war nicht alles: Der Raketenantrieb setzte mit seinen Rückstoßflammen auch sämtliche Pappkartons in den Regalen in Brand.

„Oh nein, gleich explodiert noch der ganze Laden! Ich glaube, ich habe den Treibstoff falsch berechnet", rief Joe bestürzt.

„Wir müssen Feuerwehrmann Sam anrufen", sagte Norman und setzte einen Notruf ab.

Tatütata! Nur wenig später kamen Sam und Penny in Jupiter angebraust und verschafften sich umgehend einen Überblick.

„Mein Pogo-Stick spielt da drin verrückt", erklärte Joe verzweifelt.

„Und meine Mum ist auch noch im Laden", fügte Norman besorgt hinzu.

„Penny, wir gehen zusammen rein! Du kümmerst dich um Dilys, ich mich um den Pogo-Stick", entschied Sam.

Penny nickte. Die beiden setzten ihre Atemmasken auf. Dann bahnten sie sich ihren Weg durch den dichten Qualm.

„Hier bin ich", rief Dilys hustend. Sie hielt sich ein feuchtes Tuch vor die Nase, aber vor lauter Rauch hatte sie völlig die Orientierung verloren. Behutsam führte Penny Dilys nach draußen, während Sam es gelang, den Pogo-Stick zu stoppen. Anschließend löschten sie gemeinsam das Feuer.

Erleichtert umarmte Norman seine Mutter. Dann wandte er sich an Sam. „Tut mir wirklich leid, dass ihr meinetwegen kommen musstet."
„Du weißt doch, dass du von solchen Dingen die Finger lassen solltest, Norman. Und du, Joe, musst in Zukunft besser auf deine Erfindungen aufpassen – vor allem, wenn sie raketengetrieben und noch nicht ausreichend getestet sind", mahnte Sam.
„Da hast du absolut recht, Sam. Kommt nicht wieder vor", versprach Joe.
Norman seufzte. „Dann haben Sarah und Mandy jetzt wohl das coolste Video von allen", meinte er und schaute neidisch zu den Freundinnen hinüber, die zusammen mit Hannah ganz in der Nähe standen und die Köpfe zusammensteckten.

Kichernd kamen die Mädchen näher. „Nein, haben wir nicht", gab Sarah zurück und hielt ihr Handy hoch. „Die Topmeldung des Tages hat Hannah gepostet. Ihr Video hat jetzt schon die meisten Klicks aller Zeiten."

Sam warf einen neugierigen Blick auf die Website von *Pontypandy Planet*. „Raketen-Pogo-Panik-Boy", las er laut vor und lachte. „Norman, ich glaube, damit bist du gemeint."

„Du wirst berühmt, Norman", sagte Sarah und grinste.

Fassungslos starrte Norman auf den Bildschirm. „Neeeiiin!", rief er entsetzt und schlug die Hände über dem Kopf zusammen. So hatte er sich die Sache mit dem sensationellen Video ganz und gar nicht vorgestellt ...

Bergheld in höchster Not

Heute hatten Mandy, Norman und James etwas ganz Besonderes vor: Sie wollten an einem Geschicklichkeitstraining bei Moose teilnehmen, um „Berghelden“ zu werden. An der Bergstation angekommen, stiegen die drei aus dem Pontypandy-Express und liefen zum Abenteuerzentrum.

„Ich freue mich so auf das Training“, strahlte Mandy.

„Hoffentlich wird es nicht zu gefährlich“, befürchtete James.

„Natürlich wird es gefährlich, du Angsthase!“, machte Norman sich über seinen Freund lustig. „Schließlich sollt ihr sehen, dass ich der mutigste Bergheld aller Zeiten bin.“

Moose wartete schon auf die Kinder. „Hallo, da seid ihr ja!“, begrüßte er sie. „Und, seid ihr bereit für das Training?“

Die drei nickten begeistert.

„Dann lasst uns gleich loslegen! Wir beginnen mit einer Balance-Übung“, erklärte Moose und zeigte auf ein großes Schaubild. „Stellt euch vor, ihr müsstet diesen Abgrund überwinden.“

Neben dem Schaubild war zwischen zwei niedrigen Pflöcken ein Seil zum Üben gespannt. „Versucht einmal, von einer Seite zur anderen zu balancieren, ohne dabei das Gleichgewicht zu verlieren“, sagte Moose.

Norman rollte mit den Augen. „So nah über dem Boden? Das ist ja lächerlich.“

„Finde ich nicht“, jammerte James und hielt sich die Hände vors Gesicht, während er versuchte, vorsichtig einen Fuß auf das Seil zu setzen. „Ich kann gar nicht hingucken.“

„Und was kommt als Nächstes?“, fragte Mandy nach einer Weile neugierig.
„Nun machen wir weiter mit der Klippenwand der Furcht“, antwortete Moose. „Eure Aufgabe besteht darin, die Wand ohne Hilfsmittel, also nur mit Händen und Füßen, hinaufzuklettern. James, fängst du bitte wieder an?“
„Na gut“, seufzte James und schaute ängstlich die Wand empor.

„Das kann doch jeder. Die Wand ist ja nicht einmal zwei Meter hoch“, beschwerte sich Norman.
„Aber dafür wird die letzte Berghelden-Aufgabe wirklich schwer: die Seilrutsche des Grauens“, verkündete Mandy und zeigte Norman den Trainingsplan.

„Weiter steht hier noch, dass es die längste Seilrutsche in den ganzen Bergen ist“, fügte Mandy hinzu.

„Wirklich?“, vergewisserte sich Norman und horchte auf. Das hörte sich endlich mal richtig gut an! „Los, wir gehen schon mal vor! James braucht bestimmt noch ewig, bis er mit dem langweiligen Kram hier fertig ist.“

„Ich weiß nicht ...“, zögerte Mandy.

„Moose, wir sind gleich wieder da“, rief Norman laut zur Kletterwand hinüber und zog Mandy einfach mit sich. „Jetzt komm schon! Laut Plan ist die Rutsche gleich da drüben.“

Und während Moose achtgab, dass James an der Wand nicht abrutschte, liefen Norman und Mandy allein zur Seilrutsche des Grauens ...

„Da ist sie! Un-glaub-lich!“, staunte Norman beeindruckt, als er mit Mandy vor der langen Seilrutsche stand. Hoch über dem Tal führte sie quer über einen reißenden Fluss. Nun wurde Norman offenbar doch ein wenig mulmig. „Äh, du darfst zuerst, Mandy“, bot er großzügig an.

„Ich dachte, du wolltest der mutigste Bergheld aller Zeiten sein. Oder hast du etwa Angst?“, entgegnete Mandy lachend.

„Ich? Angst? Natürlich nicht!“, widersprach Norman empört, setzte einen Helm auf und schnappte sich den Haltegriff.

„Jetzt musst du nur noch diesen Sicherheitsgurt hier anlegen. Dann kann's losgehen!“, sagte Mandy.

Aber das hörte Norman nicht mehr. Er war schon weg.

In rasender Geschwindigkeit sauste Norman an der Seilrutsche entlang durch die Luft, während er sich mit beiden Händen fest an den Griff über seinem Kopf klammerte. „Hilfe! Jetzt fängt das Ding auch noch an, sich zu drehen“, schrie Norman entsetzt und strampelte wild mit den Beinen. Zu allem Übel flog ihm auch noch eine Fliege in die Nase. Huch, das kitzelte! *Haaa-tschi!* Ein heftiges Niesen schüttelte Normans ganzen Körper durch, und der Griff rutschte ihm aus den Händen. *Aaahhh!* Mit einem lauten Schrei stürzte Norman in die Tiefe. Zum Glück landete er auf dem vorstehenden Ast eines Baumes.

Mandy reagierte sofort. „Bleib ganz ruhig, Norman! Ich hole Feuerwehrmann Sam“, rief sie ihm zu und setzte einen Notruf ab.

Sam informierte sogleich sein Team. „Norman Price ist von der Seilrutsche des Grauens abgestürzt und hängt in einer Baumkrone fest“, sagte er. „Penny und Helen, ihr nehmt Venus und den Bergrettungswagen! Ich fliege mit Tom Thomas im Helikopter hin und seile mich zu Norman ab.“ „Alles klar, Sam“, nickten Penny und Helen und stiegen in ihre Fahrzeuge.

Sam rannte zum Hubschrauber, der bereits startklar war, und los ging's! Schon kurze Zeit später näherten sie sich der Unglücksstelle. Tom Thomas brachte Sam mit Wallaby 2 so nah wie möglich an den Ast heran, auf dem Norman sich befand. „Halte durch, Norman!“, rief Sam dem verängstigten Jungen zu. „Ich bin gleich bei dir.“ Er streckte die Hand aus ...

Doch da passierte es! Genau in diesem Moment knackte der Ast und brach ab. Norman fiel rücklings in den Fluss. *Platsch!* „Wenigstens ist die Fliege jetzt aus meiner Nase raus", prustete er und schüttelte sich das Wasser aus Nase und Ohren.

Per Funk gab Sam neue Anweisungen.

„Tom, flieg mich noch ein kleines Stück runter, dann springe ich hinterher."

„Verstanden, Sam", erwiderte Tom und ging mit Wallaby 2 tiefer.

Als Sam knapp über der Wasseroberfläche war, löste er seinen Gurt und tauchte ins Wasser ein.

Mit ein paar kräftigen Zügen schwamm Sam zu Norman hin. „Keine Sorge, ich bring dich hier raus! Das schaffen wir schon“, beruhigte er den Jungen und hielt ihn über Wasser.

Inzwischen waren auch Penny und Helen am Ufer eingetroffen. Tom Thomas hatte sie informiert, dass Sam und Norman flussabwärts trieben. Helen entdeckte die beiden zuerst. „Da hinten sind sie!“, sagte sie. „Die Strömung ist ganz schön stark“, bemerkte Penny. „Die zwei brauchen einen Rettungsring. Aus eigener Kraft schaffen sie es nicht ans Ufer.“ Schnell holten Penny und Helen den Rettungsring, befestigten ihn an einem Seil und warfen ihn Sam zu. „Hier, fang!“, riefen sie und zogen Sam und Norman schließlich sicher an Land.

Nachdem Sam sich abgetrocknet hatte, richtete er sich an Norman und Mandy. „Was habt ihr euch nur dabei gedacht, ganz allein die Seilrutsche auszuprobieren?“, wollte er wissen.

„Entschuldige bitte, Feuerwehrmann Sam“, sagte Mandy kleinlaut.

„Na ja, ich wollte dadurch eigentlich der mutigste Bergheld aller Zeiten werden“, gab Norman zu.

„Aber ein wahrer Held stellt die Sicherheit immer an erste Stelle, nicht wahr, Moose?“, wandte sich Sam an den Leiter des Abenteuerzentrums, der mit James inzwischen auch am Ufer angekommen war.

„Allerdings“, stimmte Moose ihm zu. „Und deshalb ist für mich heute James der Bergheld des Tages.“

Feueralarm auf Pontypandy-Eiland

Feuerwehrmann Sam und sein Bruder Charlie freuten sich auf ein gemeinsames Wochenende auf Pontypandy-Eiland. Als die zwei schließlich die Insel mit dem Boot erreichten, breitete Sam gut gelaunt die Arme aus.
„Himmlisch, diese Ruhe!“
„Wir werden es uns richtig gut gehen lassen: wandern, zelten, einfach entspannen ...“, schwärmte Charlie.
Doch im nächsten Moment war es vorbei mit der Ruhe. Sam runzelte die Stirn. „Sind das nicht die Stimmen von Sarah, James und Mandy?“, wunderte er sich.
Tatsächlich!
„Hallo, Onkel Sam! Hallo, Dad!“, riefen James und Sarah im Chor.
„Hallo!“, grüßte auch Mandy. „Was macht ihr denn hier?“

Sam und Charlie schauten sich schulterzuckend an. „Wir hatten eigentlich ein ruhiges Wochenende zu zweit geplant. Und ihr?“

„Wir machen zusammen mit Norman ein Camping-Sicherheitstraining bei Hauptfeuerwehrmann Steele“, antwortete Sarah.

„Bei dem schönen Wetter habe ich das Training der Jungen Retter kurzfristig aus den Bergen auf die Insel verlegt“, schaltete Mr Steele sich ein. „Aber keine Sorge, wir werden euch bestimmt nicht stören. Elvis und ich haben jede Menge Programm für die Kinder.“

„Na dann, Charlie und ich finden schon ein ruhiges Plätzchen, an dem wir entspannen können“, entgegnete Sam. Dann verabschiedeten sich die zwei Brüder von der Gruppe.

„Als Erstes möchte ich euch zeigen, wie man in der Wildnis Feuer macht“, erklärte Hauptfeuerwehrmann Steele den Kindern und holte zwei Steine aus Elvis’ Rucksack. „Ihr schlagt zwei Feuersteine so lange aneinander, bis sie Funken sprühen. Damit könnt ihr dann das Holz entzünden.“

„Darf ich mal?“, fragte James und begann schon, die beiden Steine gegeneinanderzuschlagen.

„Ich will auch“, maulte Norman.

„Hört auf zu streiten und kommt jetzt mit an den Strand für das große Sicherheitstraining“, sagte Mr Steele. Achtlos warf James die Steine auf den trockenen Waldboden und lief den anderen hinterher.

In der Zwischenzeit hatten Sam und Charlie am anderen Ende der Insel eine kleine Lichtung entdeckt.

„Wäre das nicht ein schöner Platz zum Zelten?“, meinte Charlie.

„Perfekt“, nickte Sam und ließ seinen Blick über die grünen Hügel schweifen. Aber was war das? Hinter einem der Hügel stieg eine dunkle Rauchsäule in den Himmel empor. Sam erschrak. „Oh nein, da vorne brennt's! Ich rufe sofort Penny an. Sie leitet heute die Feuerwache“, sagte Sam und wählte die Nummer. Aber er hatte keinen Empfang.

Auch Charlie hielt sein Handy in alle Himmelsrichtungen – doch ebenfalls ohne Erfolg. „Ich befürchte, hier auf der Insel gibt es kein Netz“, seufzte er.

„Auf jeden Fall müssen wir die anderen warnen“, beschloss Sam.

Sofort machten die beiden Brüder kehrt und begannen, nach Hauptfeuerwehrmann Steele, Elvis und den Jungen Rettern zu suchen. Zum Glück war die Insel nicht allzu groß, und sie fanden die Gruppe bald.

„Wir haben ein Problem, Sir. Es gibt ein Feuer auf der Insel“, meldete Sam.

„Ein Feuer?“, wiederholte Mr Steele. „Dann sollten wir umgehend die Kinder mit den Booten in Sicherheit bringen.“

Sam schüttelte den Kopf. „Da kommen wir nicht hin. Das Feuer versperrt den Weg zum Strand.“

„Heißt das, wir können nicht von der Insel runter?“, vergewisserte sich Elvis.

Sam nickte. „Ja! Und wir können auch nicht telefonieren. Es gibt kein Netz. Wir können nur darauf hoffen, dass jemand an Land das Feuer entdeckt ...“

Etwa zur selben Zeit machte Ben Hooper auf der Wasserwacht eine seiner üblichen Kontrollen. Mit dem Fernglas schaute er weit aufs Meer hinaus. Als er die Rauchsäule über Pontypandy-Eiland bemerkte, stutzte er. „Das sieht nicht gut aus“, stellte Ben besorgt fest. „Für ein Lagerfeuer auf der Insel ist da eindeutig zu viel Qualm.“

Ohne zu zögern, setzte er sich mit Feuerwehrfrau Penny in Verbindung. „Penny, ich glaube, auf Pontypandy-Eiland ist ein Feuer ausgebrochen“, meldete er an die Feuerwache.

„Danke, Ben. Ich übernehme“, erwiderte Penny und kontaktierte umgehend Tom Thomas. „Tom, ich brauche dich mit Wallaby 2. Es gibt ein Feuer auf der Insel.“

Inzwischen überlegten Sam und die anderen, wie sie sich vor dem Feuer am besten in Sicherheit brachten. „Hätte ich doch wenigstens meine Ausrüstung dabei", stöhnte Sam, während die Flammen sich auf der Insel immer weiter ausbreiteten und näher kamen. Da erklangen auf einmal Rotorengeräusche, und gleich darauf tauchte über ihnen Wallaby 2 auf. In der offenen Luke des Helikopters stand Penny und rief: „Braucht ihr Hilfe, Sam?"

„Danke, Penny! Dich schickt der Himmel", antwortete Sam erleichtert. Penny ließ zuerst eine riesige Kiste hinunter und seilte sich dann selbst ab. „Hier in der Kiste ist alles, was wir zum Löschen brauchen", erklärte sie. Schnell packten die Feuerwehrleute das Löschmaterial aus und zogen die Schutzkleidung an.

Während Sam und Penny am Boden die Flammen bekämpften, schöpfte Wallaby 2 immer wieder Wasser aus dem Meer, um das Feuer aus der Luft zu löschen. Schon kurze Zeit später war der letzte Funke verglüht. Was für ein Glück!

„Es sieht so aus, als wäre das Feuer bei eurer Feuerstelle ausgebrochen“, stellte Sam fest und sammelte die Feuersteine vom Waldboden auf. „Kinder, ihr müsst vorsichtig sein, wenn ihr ein Lagerfeuer macht!“

„Ich hätte die Steine nicht unbeaufsichtigt lassen dürfen“, entschuldigte sich Hauptfeuerwehrmann Steele. „Aber Brände zu löschen ist leichter, als auf diese Kinder aufzupassen.“

„Das stimmt“, meinte Sam lachend.

Nachdem der Löscheinsatz beendet war, verabschiedete sich Penny. „Tom und ich müssen leider zurück nach Pontypandy."
„Für uns geht es auch nach Hause", verkündete Hauptfeuerwehrmann Steele und machte mit Elvis die Segelboote startklar.
„Tschüss, Dad! Tschüss, Onkel Sam!", riefen Sarah und James winkend. Damit kehrte endlich Ruhe auf der Insel ein.
„Jetzt kann unser Brüder-Wochenende losgehen", freute sich Charlie. „Hast du zufällig an Streichhölzer fürs Lagerfeuer gedacht, Sam?"
„Leider nicht, Charlie", schmunzelte Sam. „Aber ich hätte hier zwei Feuersteine ..."
Ruck, zuck war das Lagerfeuer entfacht, und die beiden Brüder sangen fröhlich schunkelnd Seemannslieder.

Feuer und Flamme Für Normans Show

An diesem Morgen war großer Tank-Tag für alle Boote, die im Hafen von Pontypandy lagen. Sam fuhr den riesigen Tanklaster nah an die Kaimauer heran, stieg aus und ließ den Tankschlauch zu den Booten hinab.

„Malcolm, hältst du bitte die Leute auf Abstand, während wir die Boote betanken?“, bat Sam den Polizisten.

Malcolm nickte und bezog Stellung vor dem Kabeljau-Café. „Was hängt denn da für ein Plakat an der Tür?“, wunderte er sich und trat neugierig näher.

Es war ein Werbeplakat für Mike Floods Trommelkonzert am nächsten Samstag. Und es war nicht das einzige ...

Sämtliche Mauern, Hauswände und Zäune in Pontypandy hingen voller Plakate. Es gab blaue Plakate für Mikes Trommelkonzert und orangefarbene für Normans Zaubershow – und beide Vorstellungen sollten am selben Abend stattfinden. Oje, das könnte Ärger geben ...

„Hörst du wohl auf, meine Plakate zu überkleben!“, beschwerte sich Mike und riss Norman ein Plakat aus der Hand.

„Aber meine Show ist viel besser als deine“, behauptete Norman.

„Ist sie nicht“, erwiderte Mike trotzig. „Du musst umplanen.“

„Nein, du!“, widersprach Norman.

„Stopp, ihr zwei!“, schritt Malcolm ein. „Ihr dürft nicht einfach überall eure Plakate anbringen. Schon gar nicht an öffentlichen Gebäuden! Verstanden?“

Grummelnd packten die beiden Streithähne ihre ganzen Plakate wieder ein.

„Und was macht ihr jetzt?“, wollte Mandy wissen.

„Plan B“, antworteten Mike und Norman wie aus einem Mund.

Gesagt, getan! Kurz darauf präsentierte Norman Mandy auf einer Wiese etwas außerhalb von Pontypandy seine selbst gebaute, riesengroße Werbetafel. „Alle, die hier vorbeifahren, werden am Samstag zu meiner Zaubershow kommen“, erklärte er voller Stolz.

In diesem Moment bog Mike um die Ecke. Sein grüner Lieferwagen war mit einer Lichterkette geschmückt und zog einen Anhänger mit einer gigantischen Plakatwand hinter sich her. Norman erstarrte.

„Das ist unfair! Ich muss diese rollende Werbung für Mikes Trommelkonzert unbedingt aufhalten“, keuchte Norman, während er dem Wagen hinterherrannte.

Zu Normans Glück wollten gerade vier Schafe die Straße überqueren, und Mike musste am Weidezaun anhalten. Diese Chance nutzte Norman, um den Anhänger von Mikes Lieferwagen abzukuppeln. „Jetzt werden wir ja sehen, wer von uns beiden die bessere Werbung macht“, murmelte er und rieb sich grinsend die Hände.

Als Mike weiterfahren wollte, bemerkte er sofort, was passiert war. Verärgert sprang er aus dem Wagen. „Norman, wie konntest du nur? Weißt du nicht, wie gefährlich das ist?“, stöhnte er.

In der Tat hatte Norman nicht bedacht, wie schnell der abgehängte Anhänger auf der abschüssigen Straße ins Rollen kommen würde. Völlig unkontrolliert sauste er um die Kurven und knallte mal links, mal rechts gegen die Steinmauer. Plötzlich gab es einen Kurzschluss in der Lichterkette, Funken sprühten, und Sekunden später stand die Plakatwand lichterloh in Flammen. Doch der Anhänger raste ungehindert weiter auf Pontypandy zu.

„Du meine Güte!", rief Mike entsetzt, der die Gefahr sofort erkannte. „Wenn der Tanklaster am Hafen in Brand gerät, gibt es eine Riesenexplosion. Wir müssen Feuerwehrmann Sam informieren", beschloss Mike.

„Oje, das wollte ich nicht!", sagte Norman bestürzt.

Inzwischen hatte der brennende Anhänger den Hafen erreicht. Malcolm konnte sich gerade noch mit einem Hechtsprung zur Seite in Sicherheit bringen. Doch dann wurde der Anhänger auf den unebenen Pflastersteinen so heftig durchgerüttelt, dass die Plakatwand in viele brennende Teile zerbarst, genau hinter dem Tankwagen.

„Malcolm, ich brauche deine Hilfe", rief Sam. „Die Flammen dürfen auf keinen Fall auf den Laster übergreifen, sonst gibt es hier eine Katastrophe. Kannst du die zweite Wasserkanone von Titan bedienen?"

„Ich bin zwar kein Feuerwehrmann, aber ich versuche es", antwortete Malcolm und kletterte zusammen mit Sam auf das Löschboot, das Ben Hooper von der Wasserwacht zum Auftanken hergebracht hatte.

„Ben, bring uns mit Titan in eine passende Position!“, sagte Sam.
„Mach ich“, erwiderte Ben und startete den Motor.
„So, Malcolm, jetzt die Wasserkanone ruhig halten, auf den Laster zielen und dann: Wasser marsch!“, gab Sam das Kommando.
Ups, das Zielen war gar nicht so leicht! Aber schließlich klappte es, und eine riesige Wasserfontäne schoss hinüber zum Hafen.
„Vom Boot aus erreichen wir nur eine Seite des Tanklasters. Wir müssen daher versuchen, ihn, so gut es geht, zu kühlen, um eine Explosion zu verhindern“, erklärte Sam und blickte zu Malcolm. „Ich habe Penny und Elvis schon informiert. Sie kommen gleich, um uns zu unterstützen.“

Im nächsten Moment waren Penny und Elvis mit Jupiter zur Stelle. Blitzschnell sprangen sie aus dem Fahrzeug und richteten den Schlauch mit Löschschaum und den Feuerlöscher auf die Flammen.
Es dauerte nicht lange, da meldete Penny: „Alle Feuer sind gelöscht!"
Erleichtert legten Sam und Malcolm mit dem Boot am Kai an und gingen von Bord.
„Haben wir diesen Einsatz etwa euch zu verdanken?", wandte sich Malcolm an Mike und Norman, die inzwischen auch zum Hafen geeilt waren.
„Es tut mir leid. Ich war so neidisch auf Mikes tolle, rollende Werbetafel", entschuldigte sich Norman.
„Warum tut ihr euch nicht einfach zusammen?", schlug Mandy vor.

„Ja, warum eigentlich nicht?! Trommeln mit Zauberei, das klingt gar nicht schlecht“, stimmte Mike seiner Tochter zu.

„Du meinst wohl: Zauberei mit Trommeln“, sagte Norman grinsend.

So wurde die gemeinsame Show am Samstagabend ein voller Erfolg: Norman, der Zauberer, und Mike, der Trommler, waren das perfekte Team!

„Die zwei arbeiten auf der Bühne genauso gut zusammen wie wir“, meinte Malcolm und legte Sam anerkennend die Hand auf die Schulter.

Sam schmunzelte. „Allerdings, Malcolm! Du wärst auch ein großartiger Feuerwehrmann.“

„Danke, Sam. Aber ich glaube, ich bleibe doch lieber Polizist – und überlasse das Feuerlöschen dir“, erwiderte Malcolm lachend.

Feuerwehrmann Sam und Jupiter

Mutig, einfallsreich, hilfsbereit – das ist Feuerwehrmann Sam. Er behält in gefährlichen Situationen einen kühlen Kopf und hat für jedes Problem eine Lösung. Sein ganzer Stolz ist Jupiter – das große rote Löschfahrzeug.

Hauptfeuerwehrmann Steele

„Und stillgestanden!“, ruft Mr Steele, der Chef der Feuerwache, seine Leute zur Ordnung. Regeln und Grundsätze sind für ihn das Wichtigste. Und die versucht er, auch seinen Leuten beizubringen.

Penny Morris ...

... war lange die einzige Feuerwehrfrau in Pontypandy. Sie rettet, löscht und packt genauso zu wie die Männer der Wache. Penny fährt das kleine Feuerwehrauto Venus, um das sie sich auch mit viel Liebe kümmert.

Elvis Cridlington

Elvis, Sams Lehrling und Gehilfe, bewundert Sam und ist mit Leib und Seele Feuerwehrmann.

Helen Flood

Wenn es bei einem Unfall Verletzte gibt, ruft Feuerwehrmann Sam Helen Flood. Denn sie ist Pontypandys Krankenschwester und Sanitäterin. In Notfällen ist sie sofort zur Stelle und behält immer die Nerven. Aus der Ruhe bringt sie nur ihre Tochter Mandy, die viel Unfug im Kopf hat.

Tom Thomas

Wenn jemand in schwindelerregender Höhe in Not gerät, ist Tom mit seinem Helikopter sofort zur Stelle.

Joe und Lizzie Sparkes

Joe und Lizzie sind die Eltern von Hannah. Joe ist Automechaniker und hat eine eigene Werkstatt. Seine Frau Lizzie ist Tierärztin und leitet die Tierklinik von Pontypandy.

Arnold McKinley

Arnold McKinley kommt wie Ellie frisch von der Feuerwehrakademie nach Pontypandy. Er freut sich darauf, das Gelernte an der Seite von Feuerwehrmann Sam umsetzen zu können.

Ellie Phillips

Feuerwehrfrau Ellie Phillips hat genau wie Arnold ihre Ausbildung als eine der Klassenbesten beendet. Sie ist selbstbewusst und hoch motiviert.

Titan

Das Löschboot Titan hat zwei Wasserwerfer. Es pumpt das Löschwasser direkt aus dem Meer, daher braucht es keine Wassertanks.

Neptun

Ist jemand auf dem Wasser in Not geraten? Mit dem gelben Schlauchboot Neptun ist das Team schnell vor Ort.

Juno

Bei einem Einsatz auf dem Wasser ist Sam sofort mit dem Jetski Juno zur Stelle. Juno ist eines der Rettungsfahrzeuge in der neuen Wasserwacht.

Ben Hooper

Ben ist speziell für die Küstenwache ausgebildet und Experte für die Seenotrettung. Er arbeitet in der Wasserwacht und unterstützt Sam und dessen Team bei Einsätzen auf dem Wasser.

Dilys Price

Normans fürsorgliche Mutter ist Pontypandys Tratschtante Nummer eins. Sie betreibt den Supermarkt in Pontypandy. Norman mag es überhaupt nicht, wenn sie ihn „Mamis kleiner Liebling“ nennt.

Norman „Frechdachs“ Price

Norman wird es nie langweilig. Denn er hat stets verrückte Ideen. Oft bringt er sich dabei in Gefahr. Zum Glück ist Feuerwehrmann Sam immer rechtzeitig da, um das Schlimmste zu verhindern.

Charlie und Gwendolyn Jones

Das sind die Eltern von Sarah und James. Charlie ist Sams Bruder und von Beruf Fischer. Seine Frau Gwendolyn interessiert sich sehr für Magie und Zauberei. Zusammen betreiben die beiden das Kabeljau-Café.

Sarah und James

Die Zwillinge sind Feuerwehrmann Sams Nichte und Neffe. James möchte später auch einmal Feuerwehrmann werden – wie sein Onkel Sam. Er ist vorsichtiger als seine Schwester und verliert in kniffligen Situationen schnell den Mut. Sarah dagegen mag es, wenn richtig was los ist.

Trevor Evans

Pontypandys Busfahrer lässt für eine gute Tasse Tee schon mal alles stehen und liegen – leider manchmal auch seinen Bus. Dennoch kann niemand dem fröhlichen Trevor böse sein.

Schnuffi

Der mutige Dalmatiner ist ein ausgebildeter Rettungshund. Mit seiner Spürnase hat er schon so manchen verunglückten Bewohner von Pontypandy gefunden und gerettet.

Mike Flood

Gibt es was zu reparieren? Dann ist Mike, Mandys Vater, der richtige Mann. Es gibt fast nichts, was Mike nicht wieder in Ordnung bringen kann. Bei seinen Basteleien ist er aber mit dem Kopf nicht immer bei der Sache. So gerät er oft in gefährliche Situationen, aus denen Sam ihn retten muss.

Mandy Flood …

… ist stets gut gelaunt und hat unzählige Ideen, die viel Spaß bringen. Doch oft handelt sie, bevor sie darüber nachdenkt, und sorgt damit immer wieder für Aufregung.

Frau Chen …

… ist Lehrerin und Mutter der kleinen Lily.

Hannah Sparkes

Hannah braucht einen Rollstuhl, da sie ihre Beine nicht bewegen kann. Mit ihrer fröhlichen Art ist sie bei jedem beliebt.

Moose Roberts

Moose Roberts leitet den Bergsteiger-Erlebnispark. Er ist ein begeisterter Bergsteiger und verbringt seine Zeit am liebsten in der Natur.

Lily Chen

Lily ist die Tochter der Lehrerin Frau Chen. Sie ist sehr neugierig, was sie immer wieder in Schwierigkeiten bringt.

Phönix

Das Kranfahrzeug ist immer dann im Einsatz, wenn schwere Hindernisse aus dem Weg geräumt werden müssen. Auch große Tiere, die in Not geraten sind, können mit dem Kran auf die Ladefläche gehoben werden.

Gareth Griffiths

Gareth ist Gwendolyns Vater und der Großvater von Sarah und James. Er ist der Lokführer des Pontypandy-Expresses.

Tiger

Anders als der Name vermuten lässt, ist Tiger sanft wie ein Lamm. Die Katze ist Gwendolyn eines Tages zugelaufen, angelockt vom köstlichen Fisch im Kabeljau-Café.

Malcolm Williams

Der Polizist ist aus der Großstadt ins beschauliche Pontypandy gezogen. Doch auch hier hat der Bruder von Helen Flood alle Hände voll zu tun und unterstützt tatkräftig Sams Team.

Merkur

Leuchtend gelb und blitzschnell – das Quad ist eines der Fahrzeuge der Feuerwache von Pontypandy. Sam fährt damit vor allem zu Einsätzen im Gebirge.

Die schönsten Abenteuer

Bücher

ISBN 978-3-8332-4154-3

ISBN 978-3-8332-4048-5

ISBN 978-3-8332-4159-8

ISBN 978-3-8332-4110-9

ISBN 978-3-8332-4062-1

ISBN 978-3-8332-3871-0

ISBN 978-3-8332-3869-7

ISBN 978-3-8332-3982-3

ISBN 978-3-8332-3922-9

WWW.FIREMANSAM.COM
© 2022 Prism Art & Design Limited.
© 2022 HIT Entertainment Limited.

Überall im Handel und auf www.paninishop.de!

PANINI BOOKS

mit Feuerwehrmann Sam!

Das offizielle Sam-Magazin

Überall im Zeitschriftenhandel!

Neue Spielwaren für kleine Helden

Jupiter Pro mit Sam- und Schnuffi-Figur

Neue Wasserwacht mit Jodie-Figur

Rettungskran 2-in-1 mit Rover-Fahrzeug, Sam- und Schnuffi-Figur